I0796692

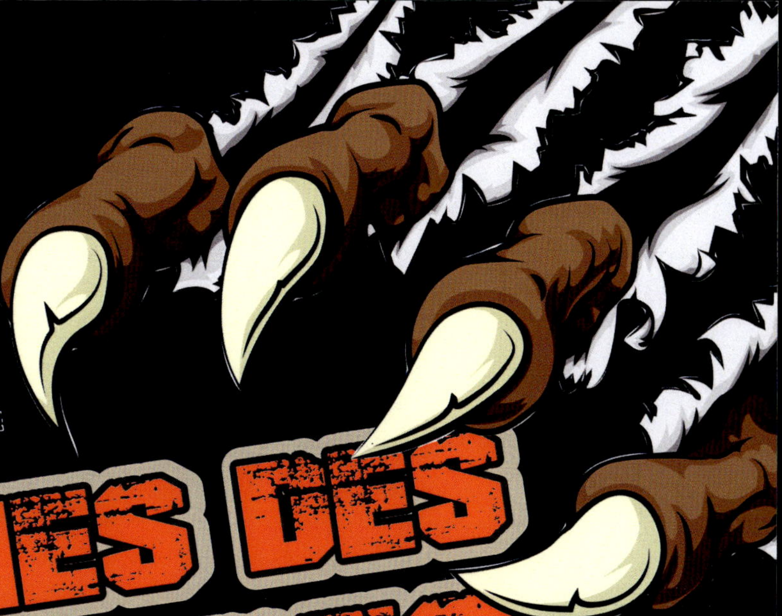

FAITS POUR SURVIVRE

LES ARMES DES DINOSAURES

Alan Walker

Un livre de la collection
Les jeunes plantes de Crabtree

TABLE DES MATIÈRES

LES DINOSAURES RÉGNAIENT!

Les dinosaures se sont **éteints** il y a environ 65 millions d'années. Avant cela, ils ont survécu pendant plus de 100 millions d'années.

Comme les animaux de nos jours, les dinosaures avaient des parties du corps qui, préservées sous forme de **fossiles**, nous donnent des renseignements importants à leur sujet.

On a trouvé des fossiles de dinosaures sur tous les continents de la Terre.

DES DENTS TERRIFIANTES

Les dents des **prédateurs** servent à couper, à déchirer et à entailler. Elles sont des armes parfaites pour chasser et tuer les **proies**.

Le Tyrannosaurus rex chassait ses proies.

La dent fossilisée d'un dinosaure peut nous dire quel type de nourriture mangeait ce dinosaure — était-il carnivore ou **herbivore**?

Le fossile d'un T. rex montre sa taille massive. Son crâne mesurait 5 pieds (1,5 mètre) de long et sa mâchoire était dotée de dents pointues et acérées.

Le Spinosaurus est le plus grand dinosaure carnivore connu.

Cette dent de Spinosaurus fossilisée a été trouvée au Maroc, en Afrique. Elle mesure près de 3,5 pouces (9 centimètres).

Les dinosaures carnivores pouvaient utiliser leurs dents comme des armes dans les combats avec d'autres carnivores.

Triceratops signifie *visage à trois cornes.*

DES CORNES MEUTRIÈRES

Les cornes sont utilisées pour piquer, pour poignarder et pour encorner. Les cornes des dinosaures étaient des armes utiles pour se défendre contre les carnivores.

Les cornes des dinosaures peuvent aussi servir à attirer des compagnes. Les **cératopsiens** avaient un bec semblable à celui du perroquet et une collerette. Certains avaient une ou plusieurs cornes. Les cératopsiens étaient herbivores.

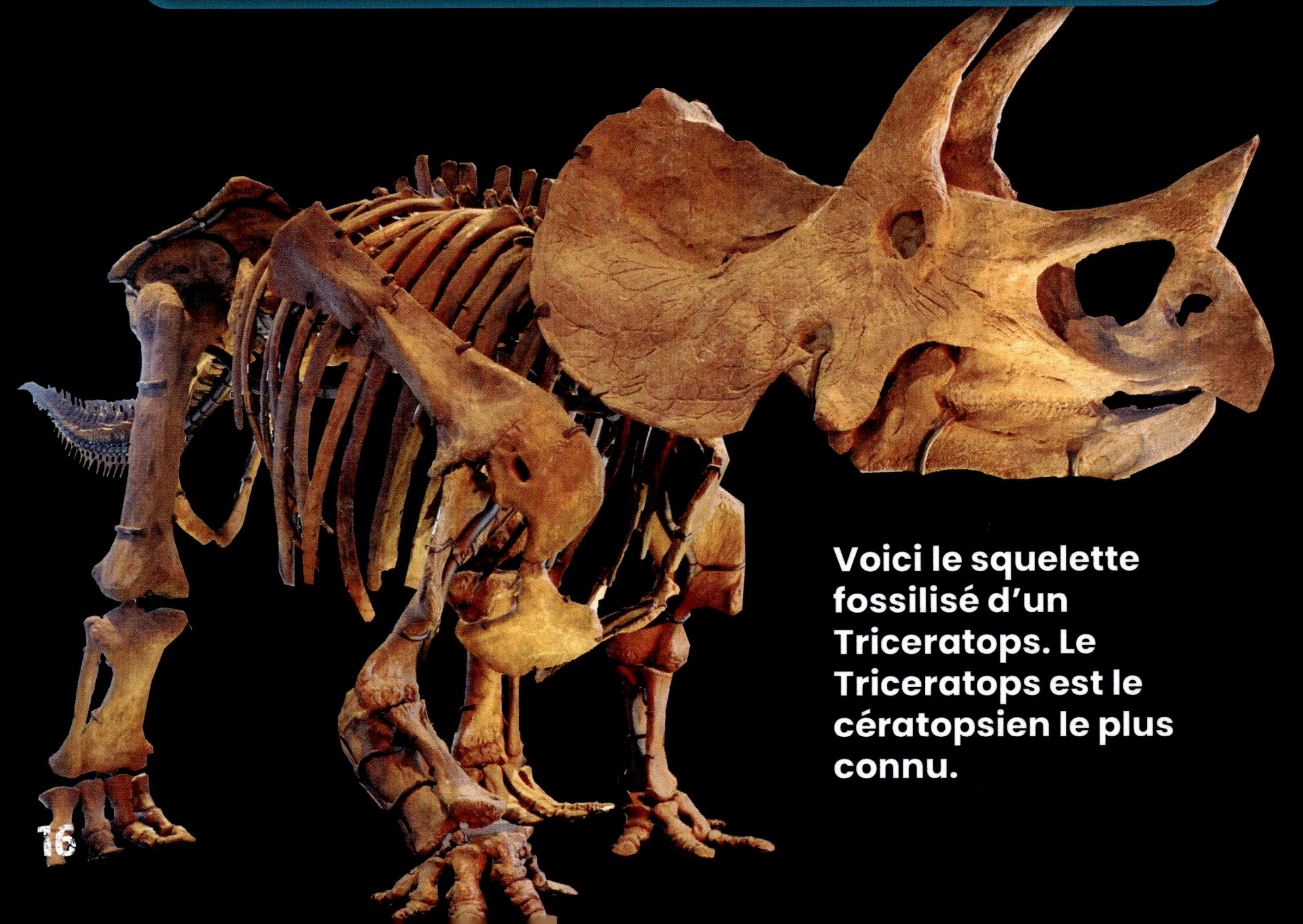

Voici le squelette fossilisé d'un Triceratops. Le Triceratops est le cératopsien le plus connu.

Le Styracosaurus était un cératopsien doté de plusieurs cornes.

Carnotaurus signifie taureau carnivore. Il est le seul carnivore à cornes connu.

Les scientifiques croient que le Carnotaurus avait une peau écailleuse, comme un reptile.

Un fossile complet de Carnotaurus a été trouvé en Argentine en 1984.

DES MASSUES ET DES GRIFFES DE TUEUR

Les massues au bout de la queue servent à écraser et à briser. Elles pouvaient être utilisées avec suffisamment de **force** pour broyer les os des attaquants.

L'Ankylosaurus avait tout — des cornes sur la tête, un corps blindé et une massue au bout de la queue.

Les griffes servent à déchirer, à entailler et à déchiqueter. Les dinosaures carnivores utilisaient leurs griffes pour capturer et tuer leurs proies.

Les vélociraptors avaient une grosse griffe courbée sur chaque pied.

Voici un fossile de griffe de vélociraptor.

Glossaire

cératopsiens (sé-ra-top-si-in) : Des dinosaures herbivores qui avaient un bec semblable à celui d'un perroquet, une collerette et parfois une ou plusieurs cornes

éteints (é-tin) : Ne plus avoir de membres vivants

force (forss) : Résistance ou puissance

fossiles (foss-il) : Les restes d'animaux et de plantes vivants il y a des millions d'années

herbivore (èr-bi-vor) : Un animal qui ne mange que des plantes

prédateurs (pré-da-teur) : Des animaux qui chassent d'autres animaux pour les manger

proie (proa) : Des animaux chassés et mangés par d'autres animaux

Indice

Soutien de l'école à la maison pour les parents, les gardiens et les enseignants

Ce livre aide les enfants à se développer grâce à la pratique de la lecture. Voici quelques exemples de questions pour aider le lecteur ou la lectrice à développer ses capacités de compréhension. Les suggestions de réponses sont indiquées en rouge.

Avant la lecture

- **De quoi ce livre parle-t-il?** *Je pense que ce livre parle des dinosaures. Je pense que ce livre parle des parties des dinosaures qui servaient à tuer d'autres dinosaures.*
- **Qu'est-ce que je veux apprendre sur ce sujet?** *Je veux savoir combien de temps les dinosaures ont survécu. Je veux savoir quel dinosaure était le plus cruel et le meilleur combattant.*

Pendant la lecture

- **Je me demande pourquoi...** *Je me demande pourquoi certains dinosaures ne mangeaient que des plantes. Je me demande pourquoi les dinosaures se sont éteints.*
- **Qu'est-ce que j'ai appris jusqu'à présent?** *J'ai appris que les dinosaures se sont éteints il y a environ 65 millions d'années. J'ai appris qu'avant cela, ils ont survécu pendant plus de 100 millions d'années.*

Après la lecture

- **Nomme quelques détails que tu as retenus.** *J'ai appris que la dent fossilisée d'un dinosaure peut nous dire s'il mangeait de la viande ou des plantes. J'ai appris que le Spinosaurus est le plus grand dinosaure carnivore connu.*
- **Lis le livre à nouveau et cherche les mots du glossaire.** *Je vois le mot* ***éteints*** *à la page 5 et le mot* ***fossiles*** *à la page 6. Les autres mots du glossaire se trouvent à la page 23.*

Crabtree Publishing

crabtreebooks.com 800-387-7650

Version imprimée du livre produite conjointement avec Blue Door Education en 2022.

Auteur : Alan Walker
Traduction : Annie Evearts

Références photographiques : istock.com, shutterstock.com. COUVERTURE : shutterstock.com | Herschel Hoffmeyer; p. 2-3 : istock.com | Orla, shutterstock.com | Christos Georghiou-(3,5,8,15,20); p. 4-5 : shutterstock.com | Herschel Hoffmeyer; p. 6-7: istock.com | Yicai; p. 8-9 : istock.com | Warpaintcobra; p. 10-11: istock.com | LG-Photography; p. 12-13 : istock.com | MR1805, shutterstock.com | Herschel Hoffmeyer, istock.com | DarthArt; p. 14-15 : shutterstock.comn | Herschel Hoffmeyer; p. 16-17 : Shutterstock.com | bekirevren, Allie_Caulfield_CC BY-SA 3.0; p. 18-19 : shutterstock.com | Warpaint, AStrangerintheAlps_CC BY-SA 3.0; p. 20-21 : shutterstock.com | Daniel Eskridge; p. 22 : shutterstock.com | Noiel, shutterstock.com | W. Scott McGill

Publié au Canada par Crabtree Publishing
616 Welland Avenue
St. Catharines, Ontario
L2M 5V6

Publié aux États-Unis par Crabtree Publishing
347 Fifth Avenue
Suite 1402-145
New York, NY 10016

Imprimé au Canada/042024/CPC20240419

Paperback 978-1-0396-0816-0
Ebook (pdf) 978-1-0396-0822-1
Epub 978-1-0396-0828-3
Read-along 978-1-0398-0330-5
Audio book 978-1-0396-6661-0

Catalogage avant publication de Bibliothèque et Archives Canada
Titre: Les armes des dinosaures / Alan Walker ; texte français d'Annie Evearts.
Autres titres: Dinosaur weapons. Français.
Noms: Walker, Alan (Écrivain pour la jeunesse), auteur.
Description: Mention de collection: Faits pour survivre | Les jeunes plantes de Crabtree | Traduction de : Dinosaur weapons. | Comprend un index.
Identifiants: Canadiana (livre imprimé) 20210279893 | Canadiana (livre numérique) 20210279915 | ISBN 9781039608160 (couverture souple) | ISBN 9781039608221 (HTML) | ISBN 9781039608283 (EPUB)
Vedettes-matière: RVM: Dinosaures—Ouvrages pour la jeunesse. | RVM: Animaux—Armes—Ouvrages pour la jeunesse. | RVMGF: Documents pour la jeunesse.
Classification: LCC QE861.5 .W3314 2022 | CDD j567.9—dc23